Mit einem liebevollen Blick
auf meine Heimatstadt

Weihnachten 2010

[signature]

KULMBACH

Fotos von Ulf Böttcher · Texte von Ruprecht Konrad Röder

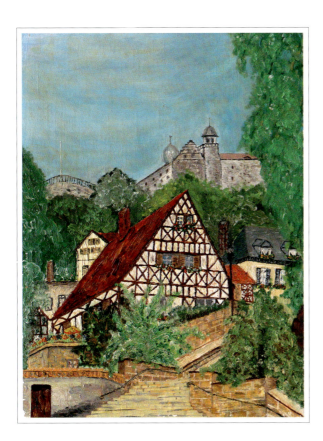

Der Weg nach oben

Von ganz unten –
den steilen Weg
hoch zur Burg.

Dort,
wo rausgespülten Mauerblümchen
wieder Zeit zum Festwurzeln bleibt.

Dort,
wo Kletterrosen Halt an der hohen
Burgmauer finden...

Der Weg nach oben –
verwinkelt,
verwachsen,
verwunschen..., –
vergessen die Müh'.

Oben angekommen dann,
ist alles wieder weit,
weit – und überschaubar.

Monika Andraschko

STADT-BILD-VERLAG LEIPZIG

„Kulmbach" ist nicht nur ein Name, Kulmbach ist ein Begriff: für Liebhaber markanter Biere, für die Genießer der deftigen fränkischen Küche, für Naturliebhaber. Man könnte die Liste fortführen. Und dennoch lässt sich „Kulmbach" nicht beliebig mit einem touristischen Marketingkonzept umschreiben, es ist mehr: Für seine Bürger ein „trautes, liebes Heimatstädtchen", wie es im „Kulmbacher Heimatlied" so volksnah heisst. Eine Stadt, in der es sich leben und arbeiten lässt. Eine Stadt mit Atmosphäre, überschaubar, anheimelnd, liebenswert. Eine Stadt, die wie ihr regionales Umfeld aber auch geschüttelt wird von den Strukturkrisen der globalen Wirtschaft: in der „Aufschwünge" nie so schnell und ertragreich zur Wirkung kommen, in der Rückschläge dann zumeist auch etwas gelinder verlaufen. Eine Stadt im Gleichgewicht? Das ist zumindest das Ziel der politischen Führung. Auf jeden Fall eine Stadt mit einer bunten kulturellen Vielfalt, einer breiten Palette wirtschaftlicher Aktivitäten, eine Stadt mit reicher Geschichte.

Kulmbachs Vielfalt zeichnet sich in der Landschaft ab, in der die Stadt eingebettet ist. Am Zusammenfluss des Roten und Weißen Mains gelegen, in den grünen Talauen eines Flusssystems, das so unterschiedliche Gesteinsarten durcheilt: im Osten das Fichtelgebirge und den Frankenwald, Urgebirge aus Granit und Gneis. Im Frankenwald haben vorausschauende Stadtväter um 1890 ein stadteigenes Quellgebiet erschlossen, das die Wasserversorgung der Stadt auf Dauer sichern sollte und zugleich den wichtigsten Rohstoff für die Qualität der Kulmbacher Biere liefert: kristallklares Quellwasser. Im Urgebirge waren die Rohstoffe zu finden, Grundlage des mittelalterlichen und frühneuzeitlichen Wohlstandes: der Holzreichtum, der Bergbau und die Verarbeitung von Zinn und Kupfer. Das Holz fand vor den Toren der Stadt einen eigenen Marktplatz und die Baumriesen aus dem Frankenwald wurden auf Main und Rhein bis nach Holland geflößt.

Im Westen die Frankenalb, alter Meeresboden mit seinen Versteinerungen, charakteristisch die Jahrmillionen alten Dolomittürme der Korallenriffe. Auch hier im Untergrund, in den Kavernen und Höhlen des Karst ein unerschöpfliches Reservoir an Wasser. Auf den Kalkböden wächst eine besonders eiweißarme Gerstensorte, wichtiger Rohstoff für die Malz- und Bierproduktion der Stadt. Hier weideten einst die Schafherden des Landadels. Zigtausende von Schafen schufen die heute so anmutige Wacholderheide, zugleich Voraussetzung für die Textilproduktion, die später den industriellen Grundstock legen sollte für Arbeit und Wohlstand in der Region. In den globalen Veränderungen der 1980er Jahre versiegte diese Quelle. So ist Kulmbach zugleich ein Tor in sehr unterschiedliche und landschaftlich reizvolle Wandergebiete, die gut erschlossen sind

Von der Plassenburg, dem Wahrzeichen der Stadt, fällt der Blick nach Westen über die Kulmbacher Altstadt, die neuen Industriegebiete und die Flussauen des Roten und Weißen Mains hinweg bis zum „Görauer Anger" am Rande der Frankenalb.

und mit der Stadt ein wesentliches Kriterium gemeinsam haben: fränkische Lebensart, die abwechslungsreiche fränkische Küche, die Vielfalt der Biere noch Art und Geschmack. Bekanntlich hat die Region die europaweit größte Dichte an Brauereien, aber auch an Sorten und Geschmacksrichtungen, und dies zu bestimmten Jahreszeiten oder Anlässen, speziell zur Starkbierzeit oder zur Kulmbacher Bierwoche im Juli. Kulmbachs Spezialitätenküche wird von der Vielfalt der Wurstsorten angeführt, an der Spitze natürlich die Bratwurst in Variationen: nicht zuletzt ein Ergebnis der Forschungsarbeit und Qualitätskontrolle durch die frühere Bundesanstalt für Fleischforschung, heute „Max Rubner-Institut". Entscheidend für den Geschmack ist wohl auch die Würze, Produkt wiederum der Gewürzmittelfabrik RAPS, die während des Krieges 1944 von Hamburg umgesiedelt wurde. Brot und Bier hatten wohl schon seit Urzeiten ihre Gemeinsamkeit mit Hefe und Gerste: Das Malz zum Bier lieferten einst 7 Mälzereien in der Stadt. Mit der Verarbeitung von Malzprodukten ist die Kulmbacher Firma IREKS weltweit als Backmittelhersteller tätig. So kommt eins zum anderen, das Bier zum Brot, die Gewürze in die Wurst. Dabei ist ein Bestandteil der guten Kulmbacher Küche nicht zu vergessen: die „Kließ" – Klöße aus rohen und/oder gekochten Kartoffeln oder als Semmelklöße – gehören auch zum „Nationalgericht", das ist Krenfleisch, Rindfleisch in Meerrettichsoße. Es ließen sich noch mehr Beispiele anführen, man sollte sie vor Ort kosten und genießen.

Die „Siegfriedsäule" steht heute im Stadtpark, verhüllt in dichtes Grün. Aufgestellt wurde sie 1912 im Herzen der Altstadt am Holzmarkt zum Gedenken an den siegreichen Krieg gegen Frankreich 1870/71. Geschaffen hat sie der Bildhauer Jakob Bradl (1864–1919) aus München.

Dies alles hat Tradition in der Stadt, ist Bestandteil der Kulmbacher Lebensart durch das Jahr hindurch mit „Schnitzla" (Gemüsesuppe), den Bratwürsten zum „Gregori"-Schulfest zum Ende des Schuljahres, den Schweinshax'n zum „Bierfest" im Bierstadel auf dem „EKU"-Parkplatz Ende Juli, den Fisch- und Wildspezialitäten mit Herbstbeginn, dem traditionellen Gansessen zu Martini, und der Linsensuppe am Heiligen Abend. Natürlich wird am „Öberschten" (Fest der Heiligen Drei Könige am 6. Januar) die „Stärk" angetrunken, und so noch vielerlei Brauchtum hochgehalten. Inzwischen hat auch das türkische Zuckerfest seinen Platz gefunden, denn die Großväter dieser Kinder waren einst in der Spinnerei beschäftigt.

Der Fläche nach ist Kulmbach eine relativ große Stadt mit zahlreichen eingemeindeten Ortsteilen, aber lediglich 28.000 Einwohnern. Da bleibt viel Platz für das Grün ausgedehnter Waldflächen, für welche eine eigene Försterei betrieben wird.

Kulmbach ist eine alte Stadt – nicht zufällig entstanden am Schnittpunkt alter Fernhandelswege, die hier den Übergang über den Main gesucht haben. Schon seit dem frühen Mittelalter kreuzten sich hier die Handelsstraßen vom mittleren Main zur Elbe und nach Böhmen, nach Thüringen und zur Donau führend. Eine „steinerne Brücke" hat es schon im 14. Jahrhundert hier gegeben. Ein solcher Platz war frühzeitig militärisch gesichert worden: Etwa 40 Burgen und Wehranlagen kennt man im Stadtgebiet. Über allen thront die Plassenburg. 1135 wurde sie erstmals urkundlich erwähnt, als die Grafen von Andechs sich als Stadt- und Burgherren nach ihr benannt haben. Sie waren als Erben des 1057 erloschenen Hauses der Markgrafen von Schweinfurt vom Ammersee an den Obermain gekommen. Diese hatten zunächst am heutigen Kirchwehr eine befestigte Straßenstation errichtet, beim „Kulmbach", welcher der Siedlung ihren slawischen Namen „Kulmna": Bergbach gegeben hat. Erst die Andechser haben wohl die „Stadt" mit dem Straßenmarkt in der „Oberen Stadt" planmäßig gegründet.

Als der letzte Andechs-Meranierherzog Otto 1248 starb, ging das Kulmbacher Erbe nach langen Auseinandersetzungen mit dem Hochstift Bamberg an die verschwägerten Grafen von Orlamünde über: Ganz in der Nähe stifteten diese das Zisterzienserinnenkloster Himmelkron als Familiengrablege. Und damit beginnt die Geschichte der wohl bekanntesten Kulmbacherin – der „Weißen Frau". Als Gespenst geistert sie durch die Plassenburg, durch die Burgen der Orlamünder und Hohenzollern und kündigt mit ihrem Auftreten Tod und Verderben an. Denn Kunigunde von Orlamünde, Herrin auf der Plassenburg, soll nach dem Tod ihres Gatten 1340 sich in den Zollernburggrafen von Nürnberg verliebt und deshalb ihre beiden Kinder umgebracht haben. Als Äbtissin des Klosters Himmelkron habe sie ihre Untat gebüßt. So weit die Sage – die Wirklichkeit dagegen: Kunigunde und Otto von Orlamünde waren kinderlos und hatten ihre Herrschaft Plassenberg-Kulmbach den verschwägerten Zollern-Burggrafen von Nürnberg vertraglich überschrieben. 1340 traten diese ihre Besitzrechte an. Als 1415 die Familie die Mark Brandenburg mit der Kurwürde erhielt, nannten sich auch die fränkischen Hohenzollern „Markgrafen" von Kulmbach-Bayreuth-Ansbach. Kulmbach wurde Residenzstadt und blieb es, bis 1603 Markgraf Christian die Residenz nach Bayreuth verlegte. Ein scheinbar herber Verlust, waren doch nach der verheerenden Katastrophe von 1553/54 im „Bundesständischen Krieg" des Markgrafen Albrecht „Alcibiades" Stadt und Burg, „des teutschen Reiches Kleynod", erst wieder glanzvoll aufgebaut worden. Mit dem Verlust der Residenz begann jedoch der wirtschaftliche Aufschwung der „Bürgerstadt", die mit dem Fürsten und dem Lande 1528 protestantisch geworden war. Die Plassenburg wurde Landesfestung, Staatsarchiv und Refugium des Hofes in Kriegszeiten bis 1792, als der letzte Zollern-Markgraf seine „ober- und untergebirgischen" Länder an die Vettern in Berlin verkaufte und sich in England „zur Ruhe setzte". Kulmbach und die Plassenburg wurden preußisch.

In den napoleonischen Kriegen waren Burg und Stadt daher Kriegsgebiet und 1806 von den Franzosen besetzt worden. 1810 kam die Beute an das neue bayerische Königreich von Napoleons Gnaden. Die Plassenburg wurde ihrer wehrhaften „Hohen Bastion" beraubt, das Haus Hohenzollern eines Teils seiner Kunstschätze. Die Burg wurde Zuchthaus, die alte Residenzstadt versank für ein halbes Jahrhundert im „Dornröschenschlaf", bis zum Bau der „Ludwig-Nord-Süd"-Eisenbahn 1846: Kulmbach wurde Teil des wirtschaftlichen Aufschwungs, der mit dieser neuen Verkehrsader verbunden war. Die „Gründerzeit" der Jahre nach dem Krieg gegen Frankreich 1870/71 konnte darauf aufbauen, in der das Kapital der „Kriegsgewinnler" auch in Kulmbach ertragreich angelegt wurde: Die Errichtung der „Ersten Kulmbacher Aktien Brauerei" ist dafür ein Beispiel. Es ist die zweite Periode wirtschaftlicher und städtebaulicher Blüte der Stadt nach der Residenzzeit. Es entstanden die Villen der „Brauerei- und Malzbarone". Klassizismus und „Jugendstil", aber auch die mehr als 30 Industrieschlote wurden zu Stadtbild prägenden Elementen. Der 1. Weltkrieg hat diese bürgerliche Epoche beendet. Im „Bayerischen Brauerei- und Bäckereimuseum" im „Mönchshof" findet sie ihren Niederschlag.

Danach wurde es stiller in der Stadt. Die Plassenburg wurde zum Kulturdenkmal des nationalen Historismus stilisiert. Ein historisches Museum „en miniature" sollte hier entstehen, initiiert von Anhängern des Hohenzollern-Hauses aus Berlin: das „Deutsche Zinnfigurenmuseum". Heute ist dort eine Museen-Landschaft entstanden, ein „Mekka" der Zinnfigurenliebhaber aus aller Welt, in der Geschichte und militärische Traditionen ebenso zum Tragen kommen wie die kultur- und naturgeschichtlichen Aspekte der Obermain-Region. Die Plassenburg ist wieder „ein Kleinod" geworden.

Die Stadt versucht, den Wandel der Zeiten flexibel zu begleiten und ist zum Standort moderner Technologien geworden. Ihr unverwechselbares Gesicht aus Jahrhunderten hat sie zu erhalten vermocht.

Das Rathaus – eine steinerne Manifestation des Bürgerwillens in der markgräflichen Residenzstadt. Errichtet um 1500, im „Bundesständischen Krieg" des Markgrafen Albrecht „Alcibiades" 1553 zerstört, 1752 neu aufgebaut von Johann Georg Hoffmann (1705–1778), dem markgräflichen Schlossbaumeister und Kulmbacher Ratsherrn. Die Rokoko-Fassade vorgeblendet, entworfen von Joseph Saint-Pierre, dem Hofbaumeister aus Frankreich, der für seine markgräfliche Herrschaft schon die Bauten im Park von Sanspareil entworfen hatte. Hier steht auch die Bronzeplastik des Malers und Dürerschülers Hans „Süß" von Kulmbach.

The town hall, a stone manifestation of the burghers' will in this margravial seat, was built in around 1500. It was destroyed in 1553 during the Second Margrave War instigated by Margrave Albert Alcibiades and not rebuilt until 1752 by margravial court architect Johann Georg Hoffmann (1705–78), a local councillor. The rococo façade was designed by Joseph Saint-Pierre, a royal master builder from France, who had previously planned the buildings in Sanspareil Gardens for his margravial clients. The square is now adorned by a bronze sculpture of Hans 'Süss' von Kulmbach, a well-known Northern Renaissance painter who apprenticed with Albrecht Dürer.

Am Turmaufsatz des Rathauses die Figuren der „Prudentia – Klugheit" mit Buch und „Justitia – Gerechtigkeit" mit Waage als Allegorien für die Generaltugenden bürgerlicher Selbstverwaltung. Am Gebäude das Maß der Kulmbacher Elle und die Hochwassermarke von 1673 des namengebenden „Kulmbaches" (slawisch „Bergbach"). Als „Kohlenbach" fließt er nunmehr verrohrt, gezähmt und seines Namens entehrt unter dem Rathaus hindurch zum Main: Ein bayerischer Beamter hat ihn im 19. Jahrhundert im Kataster „umbenannt". Neben dem Rathaus am Durchgang zum Handwerkerviertel „Oberhacken" das elegante Geschäftshaus der Brauerei und Mälzerei Ruckdeschel mit der Giebelaufschrift „Hopfen und Malz – Gott erhalts".

◂ The town hall tower shows the figures of Prudence holding a book and Justice with her scales as allegories of the virtues of self-government by the people. On the side of the building is the 1673 high-water mark of Kulmbach Stream, which gave the town its name.

Die Fachwerkhäuser um den Marktplatz sind auf den Grundmauern der 1553 zerstörten mittelalterlichen Stadt errichtet worden. Meterhoch liegen die Schutthalden der Zerstörungsschichten unter dem Pflaster der am Konradi-Tag (26.11.) in Brand gesteckten Residenzstadt. Die Gegner des Markgrafen Albrecht „Alcibiades" hatten die Stadt nach langer Belagerung im „Bundesständischen Krieg" erobert und die Bevölkerung niedergemetzelt: „Ein steinern hertz möcht es erbarmen" hat ein Augenzeuge berichtet. Vorausgegangen war ein Machtkampf um die Neuordnung der politischen Verhältnisse in Franken. Der Renaissance-Condottiere hatte mit Gewalt ein fränkisches Zollern-Herzogtum errichten wollen. An den realen Machtverhältnissen, seinen Nachbarn und am Eingreifen des Reichs war er letztlich gescheitert. Den Wiederaufbau der Stadt leitete maßgeblich der markgräfliche Baumeister Caspar Vischer (1510–1579).

The half-timbered houses surrounding the marketplace were built on the foundation walls of the mediaeval town destroyed in 1553. The heaps of rubble underground resulting when the town was burned down on St. Conrad's Day (26 November) are metres thick.

Der heutige Marktplatz ist erst im Zuge der Stadterweiterung im 13. Jahrhundert unter der Herrschaft der Orlamünder Grafen entstanden. Zuvor floss hier einst der Kulmbach und bildete außerhalb des mittelalterlichen Straßenmarktes und seiner Umwehrung ein Sumpfgebiet, das die alte Ost-West-Fernstraße auf einem hölzernen Knüppeldamm überqueren musste.
1994 wurde hier der klassizistische „Luitpoldbrunnen" wieder errichtet, der einst den Aufmärschen der Nazis weichen musste. Die Kulmbacher Bürgerschaft hatte den Brunnen 1898 vom Münchner Architekten Martin Dülfer (1859–1942), dem „Wegbereiter des deutschen Jugendstils" entwerfen und vom Bildhauer Eduard Beyerer (1866–1934) gestalten lassen: als Treuebekenntnis zu Bayern, zum Hause Wittelsbach und zur besonderen Ehre des volkstümlichen Prinzregenten Luitpold. Der hatte seinen Untertanen zur Einweihung eine huldvolle Dankadresse und einen finanziellen Zuschuss gewährt.

The marketplace as we know it today was built when the town was expanded in the 13th century under the Counts of Orlamünde. Kulmbach Stream once flowed here, forming a marshy area outside the defences surrounding the mediaeval street market. Travellers using the old east–west route had to cross the marshes on a log road.

Am Marktplatz wird heute noch an zwei Wochentagen Markt gehalten: mit Obst und Gemüse aus der Region, vor allem aus dem Bamberger Gärtnerland, wie die „Bamberger Hörnla", eine Kartoffelsorte, oder der berühmte Kren/Meerrettich. Aus dem Kulmbacher Umland stammt vor allem Obst, neuerdings Spargel zur Saison, Eier, „weißer Kees" (Quark) und „Stallhosen". Freilich hat inzwischen längst auch Exotisches Eingang gefunden. Der Markt ist jedenfalls Kulmbachs beliebtester Einkaufsplatz.

Nowadays, the marketplace still hosts farmers' markets on two days a week selling fruit and vegetables from the region, including the Bamberger Hörnla (a variety of potato) and the famous local horseradish.

An der Stirnseite des Marktplatzes steht das „Vereinshaus", heute Sparkasse. Das klassizistische Gebäude wurde 1884 von den Kulmbacher Vereinen als Veranstaltungsgebäude errichtet, und zwar an der Stelle des mittelalterlichen „Kornhauses": Mit seinen mehrstöckigen Dachgauben war es zentraler Getreide-und Naturalienspeicher mit Verkaufsläden für Fleisch und Brot, zugleich das ursprüngliche bürgerliche Rathaus der Stadt.

The Sparkasse bank at the end of the marketplace is housed in premises originally built by local societies and associations in 1884.

Das „Kornhaus" bildete den Abschluss des mittelalterlichen „alten" Straßenmarktes in der anschließenden „Oberen Stadt". Entlang der „Hohen Straße", einer Reichsstraße, hatte man schon zur Zeit der Andechser Grafen als Stadtherren im 12. Jahrhundert diesen Markt nach altbayerischem Vorbild eingerichtet. Entlang dieser „Lebensader" der Stadt setzen sich in gleich großen Parzellen die frühen Bürgerhäuser bis zum alten Stadttor in der Spitalgasse fort. ▶

The Corn House completes the mediaeval 'old' street market in the adjacent 'Upper Town'. ▶

◂ Der Blick von Süden auf die Plassenburg umfasst den ganzen Zauber des mittelalterlichen Stadtensembles: das älteste Stadtzentrum auf dem Kirchwehr um St. Petri, die „Obere Stadt" bis zur Spitalkirche, und schließlich den „Langheimer Amtshof" mit seiner Barockfassade und den mehrstöckigen Dachgauben des Zehntstadels samt dem „Roten Turm", einst Wohnung des Stadtpfeifers.

◂ The view from the south of Plassenburg Castle encompasses the entire charm of the mediaeval townscape.

Nach Westen fällt der Blick auf die „Obere Stadt" mit der alten markgräflichen Kanzlei und das „Prinzessen"-Haus. Hier residierte die wegen einer Liaison vom Bayreuther Hof „verbannte" Chr. S. Wilhelmine (1701–1749), Tochter des Markgrafen Georg Wilhelm. Im Hintergrund der Schießgraben mit dem Renaissance-„Schlösslein", der katholischen Pfarrkirche „Unsere liebe Frau" und das alte Handwerkerviertel „Oberhacken".

The view looking towards the 'Upper Town' includes the old margravial chancellery and Princess House.

◀ Mitten durch den „Oberhacken" fließt heute unterirdisch der „Kohlenbach", ursprünglich als „Kulmbach" namengebend für die ganze Stadt. Am Bach entlang waren einst die Färber, Gerber, Brauer und Mälzer, Metzger und Bäcker angesiedelt. Hier steht das „Kleine Rathaus". Aus einer Faschingslaune heraus hatte sich in den 30er Jahren in der Reutherschen Gastwirtschaft die „freie Gemeinde Oberhacken" konstituiert, eine Art „Schattenmagistrat" von Kulmbacher Originalen, aber ohne politische Wirkung. Begleitet wurden sie dabei von den „Feuerbachklängen", einer eigenen, im Viertel ansässigen Musikkapelle.

◀ The stream originally called Kulmbach, which lent its name to the town but is now known as Kohlenbach, flows underground beneath Oberhacken, the street which is home to the Small Town Hall.

Hinter dem „Kleinen Rathaus" befindet sich das historische Badhaus, 1398 erstmals erwähnt, eines von drei mittelalterlichen Badhäusern. Einst diente es der öffentlichen Hygiene sicher nicht weniger als den Freuden der Lust und Liebe. Heute ist es fachmännisch restauriert und Bildergalerie für Michel Weiß (1867–1951), den großen Maler und Sohn der Stadt. Er hat in Spitzwegscher Manier das alte Kulmbach, aber auch in vielen interessanten Porträts seine Zeitgenossen festgehalten.

Behind the Small Town Hall is the historical bathhouse, which entered recorded history in 1398 and is one of the three mediaeval bathhouses in the town.

Am westlichen Abschluss der Altstadt, schon außerhalb des mittelalterlichen Mauerrings, steht das alte „Luitpoldmuseum" am Rande des „Zentralparkplatzes". Ebenfalls nach dem populären Prinzregenten benannt wie der Brunnen am Marktplatz, wurde es 1910 hier als kulturhistorisches Museum für die Region gegründet. Mit neuem Konzept befindet es sich jetzt als „Landschaftsmuseum Obermain" auf der Plassenburg. An das Luitpoldmuseum angeschlossen war das alte „Plancksche Volksbad", die modernere Variante zum alten Badhaus. Heute hat hier die Buchhandlung Friedrich ihr Zuhause. In der „Alten Feuerwache" hat sich dagegen ein Lokal mit Kultstatus etabliert. Von den Kulmbachern wird der Zentralparkplatz davor auch „EKU"-Parkplatz genannt, denn hier stand einst vor der Absiedlung 1970 an den Stadtrand die „Erste Kulmbacher Aktien Brauerei", gegründet 1872: eine der 4 großen von über 30 Kulmbacher Brauereien insgesamt. Die EKU ist inzwischen im Großkonzern der „Kulmbacher Brauerei" aufgegangen, nicht anders als Reichelbräu, Mönchshof und Sandlerbräu, die letzten der vielen bekannten Braustätten in der Stadt.

On the western end of the Old Town outside the mediaeval wall is the Luitpold Museum, which was built on the edge of Central Park.

Das Spital lag einst außerhalb des Mauerrings und war eine Stiftung der Herrschaft. So sind in der Spitalgasse auch heute noch das Bürgerhospital und die herrschaftliche Spitalkirche Hl. Geist unmittelbar miteinander verbunden: Als „Markgrafenkirche" mit Kanzelaltar und zweistöckiger Empore wurde sie 1738/39 nach Plänen von Johann Georg Hoffmann im spätbarock-frühklassizistischen Stil erbaut und die Brüstungskassetten qualitätvoll mit biblischen Szenen ausgemalt.

The hospital used to stand outside the town wall and was endowed by the town's rulers. The hospital and the Hospital Church of the Holy Spirit are still directly connected on Spitalgasse.

Die Spitalgasse mit der alten Poststation und den Fachwerkhäusern schmiegt sich eng zwischen Main und Burgberg an die alte Stadtmauer mit ihren Wehrgängen zu Füßen des „Langheimer Amtshofs" und des „Roten Turms". Am Ausgang der Spitalgasse zur Fischervorstadt stand einst beim „Weißen Turm" eine doppelflüglige Toranlage (Barkane). Sie ist heute zum Teil restauriert.

Spitalgasse with the old post station and the half-timbered houses nestle up against the old town wall between the River Main and Burgberg.

Am östlichen Eintritt der alten Fernstraße in das Stadtgebiet steht die evangelische Dekanatskirche St. Petri. Man erreicht sie auf dem Kirchwehr über der „Oberen Stadt" über eine breit angelegte barocke Freitreppe. Die spätgotische Hallenkirche wurde mehrmals zerstört und seit 1559 wieder aufgebaut. Der Altar stammt von den Kulmbacher Künstlern Johann Brenck (1604–1674) und Hans Georg Schlehdorn (1616–1672). Die Kanzel schuf Wolf Keller (um 1576), ein Kulmbacher Maler und Bildhauer. Heute steht sie im Museum auf der Plassenburg. Ausstattung und Innengewölbe der St. Petri-Kirche sind weitgehend neugotisch (um 1880) gestaltet, die Rieger-Orgel ein Meisterwerk von 2000.

At the point where the old main road entered the town from the east is the Protestant St Peter's Church. Situated on Kirchwehr above the Upper Town, it can be reached by using the wide Baroque steps.

Die St. Petri-Kirche war seit dem 10./11. Jahrhundert die Burgkapelle der „Alten Burg", der Befestigung der Schweinfurter Markgrafen auf dem Kirchwehr. So trägt sie auch das Patrozinium von deren Stammburg auf der Schweinfurter „Petersstirn". Ursprünglich war sie Filialkirche der Urpfarrei Melkendorf, die noch vor Gründung des Bistums Bamberg 1007 entstanden ist und zum Bistum Würzburg gehörte. Wohl erst im 12. Jahrhundert ist sie eigenständige Pfarrkirche für Kulmbach geworden. Damals wird erstmals ein Pfarrer genannt. 1528 wurde im Markgrafentum die Reformation eingeführt. Nach der Zerstörung der Kirche durch die Hussiten 1433 und im „Bundesständischen Krieg" 1553 wurde sie als spätgotische Hallenkirche neu errichtet. In der Kirche befinden sich auch Gräber der Hohenzollern-Familie.

St Peter's Church was originally the castle chapel of the 'Old Castle', the fortifications of the Margraves of Schweinfurt on Kirchwehr, as of the late 10th century.

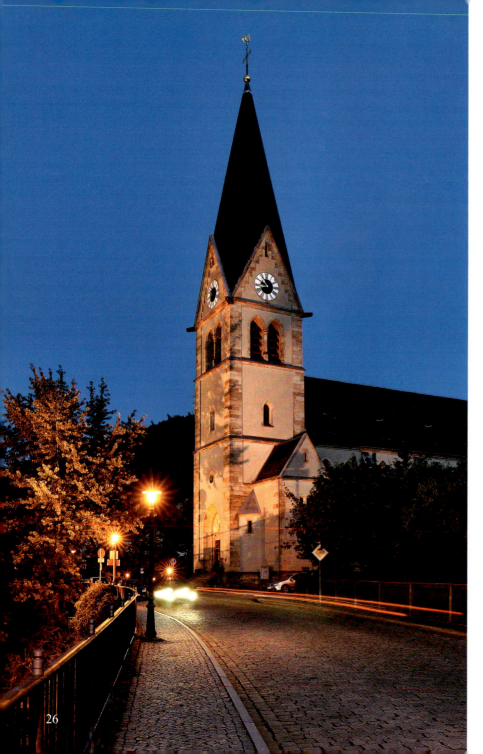

Die katholische Pfarrkirche „Unsere liebe Frau" steht St. Petri gegenüber auf dem „Schießgraben", Teil der rundum erhaltenen mittelalterlichen Stadtbefestigung. Ihre Errichtung 1892/94 entsprach dem Bedürfnis einer zunehmenden katholischen Bevölkerung, die durch die wachsende Nachfrage nach Arbeitskräften aus dem Oberland zugezogen war. Keineswegs aber durfte die Kirchturmhöhe der katholischen Kirche die von St. Petri übertreffen: So wurde es vereinbart, und der Kirchturm „Unserer lieben Frau" entsprechend gestutzt. Inzwischen hat sich, nicht zuletzt durch den Zuzug von katholischen Flüchtlingen aus Schlesien, das konfessionelle Verhältnis in der Bevölkerung ausgeglichen. Kulmbach ist keine „protestantische" Stadt mehr, vielmehr eine tolerante Stadt, die sich neuen Fragen zu stellen hat, etwa dem Verhältnis zu den muslimischen Mitbürgern.

The Catholic Church of Our Dear Lady stands opposite St Peter's on the 'firing trenches', part of the mediaeval fortifications. It was built in 1892–94 to serve the expanding Catholic population.

Der aus Schweinfurt gebürtige Architekt Bruno Specht (1857–1916) hat die neugotische Kirche zu „Unserer lieben Frau" 1892–94 errichtet. Als Baumeister war er in der Münchner Isarvorstadt mit Bauten im Stil der Neorenaissance tätig. An den Baugewerkschulen in Breslau und Erfurt war er Lehrer und hatte zuvor die neugotische Pfarrkirche in Bischofsgrün gebaut.

The neo-Gothic Church of Our Dear Lady was built by Schweinfurt architect Bruno Specht (1857–1916).

In der Altstadt scheint die Uhr manchmal stehen geblieben zu sein. Von allen Seiten ist die Plassenburg sichtbar als im wahrsten Sinne beherrschendes Element über der Stadt. Den bei der Eroberung 1553 verzweifelt Schutz suchenden Bürgern blieb sie verwehrt. Und noch heute scheint sie ein wenig entrückt und schwer zugänglich zu sein – ein Bollwerk von beherrschender Größe und dennoch im Detail aus der Nähe von anmutiger Zierde.

In the Old Town, time sometimes appears to have stood still. Plassenburg Castle – a dominating bulwark whose graceful beauty unfurls on closer inspection – can be seen from all sides.

Die Altstadt – eine Bürgerstadt mit verträumten, stillen Winkeln, engen Gässchen und romantischen Ausblicken. Handel und Gewerbe konzentrieren sich an wenigen Straßen und Plätzen. „Eine Kleinstadt mit Flair", könnte man sagen, aber auch: „eine Stadt mit Power", in der das moderne Leben pulsiert, in der auch moderne Technologien wie die Kältetechnik zu Hause sind. Der Kulmbacher Carl von Linde hat sie entwickelt und die Realschule trägt daher seinen Namen. Oder Hans Wilsdorf, der Erfinder der „Rolex"-Uhr: Nach ihm ist das berufliche Bildungszentrum benannt.

The Old Town is full of dreamy, tranquil spots, narrow alleyways and romantic views. Shops and restaurants are concentrated on a few streets and squares.

Photos on page 31:

Erhalten haben sich bis heute in der Altstadt rund um den Burgberg zahlreiche schmucke Fachwerkhäuser. Entstanden sind sie seit dem Wiederaufbau der Stadt nach 1553. Zunächst ein statisch-konstruktives Bauelement, hat sich das Fachwerk zu einer Stadtbild prägenden Gebäudezierde entwickelt mit zahlreichen handwerklich gekonnten Variationen. Im 18. Jahrhundert war es als „bäuerlich-ländlich" verpönt und auch aus Feuerschutzgründen häufig unter Putz gelegt worden. Erst allmählich hat man das Fachwerk als regionales Kennzeichen der Stadtbildkultur wieder entdeckt und restauriert es heute mit großem Aufwand.

Numerous delightful half-timbered houses have been preserved in the Old Town around Burgberg. They date back to the reconstruction of the town after 1553.

Kulmbach lag im Mittelalter inmitten ausgedehnter Reichsforste. Im Ortsteil Ziegelhütten war an der Stelle der heutigen „Friedens"-Kirche eine „Keminate" eingerichtet, eine bewirtschaftete Straßenstation am Fernstraßenkreuz jenseits des Mains. Dieser befestigte Forsthof „Alten-Kulmbach" wird uns 1028 als „Kulma" urkundlich in einer Schenkung des „Walpoten" Reginolt an das Bistum Bamberg bekannt. Der Ort trägt also den gleichen slawischen Namen wie die Siedlung am Kirchwehr, stand jedoch unter einer anderen Herrschaft: Die „Walpoten" waren als Vertreter der Reichsgewalt zur Verwaltung der umfangreichen Reichsgüter vom König eingesetzt worden. Dazu gehörten die ansässigen Bauern, in der Region auch solche slawischer Sprache und Herkunft. Aus der Schenkung von 1028 sollte sich ein Jahrhunderte andauernder Konflikt am Obermain zwischen den Bischöfen von Bamberg und den Herren auf der Plassenburg ergeben. Nur vorübergehend wurde diese auch kriegerisch geführte Interessenkollision beigelegt, als die Andechser Grafen auf der Plassenburg von 1177 bis 1242 zugleich den Bamberger Bischofsstuhl innehatten.

Mediaeval Kulmbach was situated amidst extensive imperial forests. The area where Peace Church now stands in the district of Ziegelhütten was once occupied by a 'Keminate' – a road station at the main crossroads beyond the River Main. This town, which for centuries led a dreamy existence as a royal seat at the foot of Plassenburg Castle, nestles in the abundant greenery of wooded hilly countryside perfect for hiking.

Fachwerk ziert auch viele Gebäude im Bereich der Stadterweiterung des Spätmittelalters, so in der „Langen Gasse", heute Fußgängerzone. Im Mittelalter war sie Teil der alten Fernstraße, die hier von Westen durch das „Langgässer Tor" in die Stadt einzog. Auch dieser Straßenzug wurde 1553 restlos zerstört und danach wieder aufgebaut: heute die „Einkaufsmeile" der Stadt und Aushängeschild für die Qualität des Handels. Wie überall in der Region sind aber gerade hier die Zeichen von strukturellen Veränderungen deutlich zu spüren: Die auffällige Fluktuation mancher Geschäfte, der Rückgang der Vielfalt, der Trend vom Qualitäts- zum Massenangebot sind Anzeichen für einen Wandel in der Urbanität und wirtschaftlichen Prosperität der Region im gesamteuropäischen Gefüge.

Half-timbering also decorates many buildings in the area where the town was expanded in the late Middle Ages, such as on Lange Gasse, now a pedestrian precinct. In mediaeval times it was part of the old main road which passed from the west through Lange Gasse Gate.

Am Ende der „Langgasse" steht auf dem ehemaligen Holzmarkt ein Brunnen mit der Figur des „Zinsfelders". Einst stand er, seiner Funktion nach, am Marktplatz vor dem Rathaus. Der „Zinsfelder" ist jener Stadtknecht, der einst auf dem Marktplatz die Fläche für die Verkaufsstände ausgemessen hat, um danach die Standgebühren zu berechnen und einzutreiben. Der „Zinsfelder" ist also auch ein Symbol für die Marktgerechtigkeit der Stadt, 1660 geschaffen vom Kulmbacher Bildhauer Hans Georg von Schlehdorn (1616–1672). Auf der barocken Säule sind rundum die vier Jahreszeiten charakterisiert.

At the end of the pedestrian zone at the former timber market is Zinsfelder Well. A 'Zinsfelder' was the man who was responsible for measuring out stalls on the marketplace in order to calculate and collect stallholders' fees.

Bronzeskulpturen zieren allenthalben das Stadtbild: Am Eingang zum modernen Sparkassengebäude am Mühlkanal sitzt jener „Sparer", im Volksmund „Pfennigfuchser" genannt, der schon manchen arglosen Passanten erschreckt hat. Der Schwarzacher Bildhauer Georg Hiemisch (1922–2007) hat ihn geschaffen. Harro Frey (geboren 1942) aus Pettensiedel bei Forchheim ist der Schöpfer des „Büttners", der 2001 am Marktplatz neben dem Vereinshaus aufgestellt wurde: Er zeigt gerade den „Büttnertanz", der nachweislich seit 1633 in Kulmbach von der Büttnerzunft aufgeführt wird und heute den Auftakt zur Bierwoche gibt. Von Hans Süss aus Pfreimd in der Oberpfalz (2004) stammt die Figur des gleichnamigen Malers und Dürer-Schülers Hans „Süß" von Kulmbach (1476–1522) am Vereinshaus vor dem Rathaus: Sein „Rosenkranzbild" von 1516/18 und ein Altarteil aus der Marienkirche zu Krakau sind in den Museen der Plassenburg zu sehen.

Kulmbach is adorned by bronze sculptures. At the entrance to the savings bank building next to the canal is 'The saver' (also known by locals as 'The miser'), which was crafted by Georg Hiemisch (1922–2007). Harro Frey (born in 1942) is the sculptor of 'The cooper' put up in front of Vereinshaus. In 2004, Hans Süss from Pfreimd in Oberpfalz completed the figure of his namesake Hans 'Süss' von Kulmbach (1476–1522), a painter and pupil of Albrecht Dürer.

Ein Höhepunkt in der wirtschaftlichen wie auch städtebaulich-kulturellen Entwicklung der Stadt war die „Gründerzeit" nach 1870/71, ausgelöst durch die Geldfülle des gewonnenen Krieges. Die Malz- und Brau-„Barone" ließen sich prachtvolle Jugendstil-Villen errichten. Ihr Architekt war insbesondere August Heinrich Friedrich Levermann (1848–1928). Seine um 1900 entstandenen Bauten finden sich noch heute am Schießgraben und in der Kronacher Straße als letzte Zeugnisse einer geschmackvoll ausgestatteten bürgerlichen Kultur vor Ausbruch des 1. Weltkrieges.

One highlight of the economic and architectural development of the city was the fin-de-siècle period, which began in 1870/71.

Die Plassenburg ist das Wahrzeichen der Stadt: um 1135 von den Andechsern erbaut, 1554 mutwillig als „des ganzen Kurhauses Stolz und Kleinod" zerstört, danach glanzvoll als Residenz der Zollern wieder aufgebaut von Caspar Vischer. Der „Schöne Hof" als eines der frühen Beispiele der Renaissance-Architektur in Deutschland, mit Arkaden geschmückt als „steinerne Ahnengalerie" der Hohenzollern. Die Burg diente als Landesfestung und Residenz der Markgrafen bis zur Verlegung des Hofes 1603 nach Bayreuth, danach war sie Staatsarchiv, Refugium des Hofes, von Franzosen und Bayern besetzt, danach Zuchthaus, NS-Schulungszentrum und Standquartier der „Organisation Todt", Kriegsgefangenenlager und schließlich Museum.

Plassenburg Castle is the landmark of Kulmbach. Erected in 1135 by the Counts of Andechs, it was wilfully destroyed in 1554 before being lavishly restored by Caspar Vischer as the seat of the Hohenzollerns.

Inside the castle is the German Tin Soldier Museum, which contains about 350,000 figures, making it the largest of its kind in the world. The castle is also home to the world's biggest diorama entitled St Conrad's Day, the Upper Main Landscape Museum showing cultural and natural history exhibits from the region, and the Frederick the Great Army Museum. ▶

Die gewaltige Festungsanlage mit ihren Bastionen und Höfen umfasst den Westsporn des „Plassenberges", zum Plateau hin einst abgesichert durch eine „Hohe Bastei", die der Spitzhacke der Bayern zum Opfer fiel. Von der Ökonomie aus ziehen sich weitläufige Wanderwege über den Buchberg bis ins Trebgasttal.

The enormous castle with its ramparts and courtyards encompasses the western section of Plassenberg, a previous fortified farmstead, which was protected by a 'Tall Bastion'.

Im Inneren der Burg ist eine vielfältige „Museumslandschaft" entstanden: das „Deutsche Zinnfigurenmuseum" als weltweit größtes seiner Art mit etwa 350.000 Figuren zumeist in Schaubildern sowie dem weltweit größten Diorama „Konradi-Tag", das „Landschaftsmuseum Obermain" mit kultur- und naturhistorischen Sammlungen zur Region, schließlich das Armeemuseum „Friedrich der Große".

Ursprünglich weit vor den Toren der Stadt lag die mittelalterliche Siechenkapelle St. Nicolai. Hier wurden die Aussätzigen ausgesegnet, wenn sie der Stadt verwiesen wurden und in den Siechengrund umsiedeln mussten. Hier wurden auch die Pesttoten begraben. 1573 wurde der spätgotische Hallenbau neu errichtet mit einer Innenausstattung des Kulmbacher Bildhauers Hans Georg Brenck (1670/74). Grabmäler des 17. und 18. Jahrhunderts finden sich in und außerhalb der Kirche, so des 1674 verstorbenen Plassenburg-Baumeisters Siegmund A. Schwenter.

The mediaeval Lepers' Chapel of St Nicholas was once located far outside the town gates. Lepers were churched here after they had been banished from the town.

Daneben liegt in einer stimmungsvollen Parkanlage der alte Friedhof der Stadt mit historischen Grabmälern und Familiengruften des Kulmbacher Bürgertums. 1980/81 wurde der Friedhof als Park eingerichtet und unter Denkmalschutz gestellt.

The town's old cemetery is located in the adjacent idyllic parkland.

Zeugnisse der Industriekultur finden sich zumal im Umfeld der Brauereien: So wurde im Mönchshof, ehemals Klosterhof des Zisterzienserklosters Langheim, nach Stilllegung des Braubetriebes eine „Erlebnisbrauerei" im „Bayerischen Brauereimuseum" eingerichtet. Hier findet man alles Wissenswerte über die Kunst des Mälzens und Brauens schon seit vorgeschichtlichen Zeiten. Inzwischen hat sich das museale Angebot im Mönchshof um ein „Bäckereimuseum" erweitert: Kulmbach ist Standort eines der großen Backmittelproduzenten der Welt, der Firma IREKS (seit 1856), deren Produktion auf der Verarbeitung von Malzprodukten beruht.
Jährlich findet in Kulmbach das weltweit bekannte Bierfest statt.

Examples of industrial culture are to be found near the breweries. For example, a demonstration brewery has been opened at the Bavarian Brewery Museum at Mönchshof, which previously served as the courtyard of Langheim Cistercian Monastery.

Eine wesentliche Voraussetzung für den Aufschwung der gründerzeitlichen Industrie war zweifellos der Anschluss Kulmbachs 1846 an die „Ludwig-Nord-Süd-Eisenbahn". Die handwerkliche, gewerbliche und industrielle Produktion konnte nunmehr weithin verschickt werden, Energieträger wie Kohle herangebracht werden. Das Zeitalter der Familienbetriebe und kleinen Manufakturen mit ihren begrenzten Absatzmöglichkeiten war endgültig vorbei. Dies machte sich zunächst bei der Textilbranche bemerkbar. In unmittelbarer Nähe zum Bahnhof errichtete der Textilfabrikant Fritz Hornschuch seit 1903 systematisch den umfangreichen Komplex der Kulmbacher Spinnerei, bis zum Niedergang der Branche in den 1980er Jahren einer der größten Arbeitgeber in der Stadt. Er war zudem einer der sozial eingestellten Arbeitgeber und ließ für seine Belegschaft Wohnungen bauen. Heute befindet sich das Einkaufszentrum „Fritz" in einem Teil der weitgehend noch ungenutzten Fabrikflächen.

In 1903, textiles industrialist Fritz Hornschuch began building the extensive Kulmbach Spinning Mill complex in the direct vicinity of the railway station. It was one of the town's biggest employers until the textiles industry declined in the 1980s.

Städtebaulich findet die „Gründerzeit" ihren Ausdruck mit der Errichtung von öffentlichen Bauten wie 1900 des neuen Amtsgerichts im „Spiegel". Privathäuser wie die 1906 im historisierenden Jugendstil von Max Trübenbach erbaute Villa in der Trendelstraße gefallen mit ihren spielerischen Architekturzitaten und einer zumeist noch wohl erhaltenen stilvollen Innenausstattung. Die Villa des Malzfabrikanten Otto Sandler am Schießgraben neben den Villen von A. Levermann baute der Bamberger Architekt Chrysostomos Martin 1892 im Stil der damals gängigen Backstein-Industriekultur.

The fin-de-siècle period was reflected in Kulmbach's architecture in the construction of both private and public buildings, such as the new local court erected in 1900.

Das moderne Kulmbach repräsentiert auch als Kulturstadt mit einem regen gesellschaftlichen Leben die 1989 in Betrieb genommene „Dr. Stammberger-Halle" im Herzen der Stadt. Hier finden zudem Kongresse und Tagungen von überregionaler Bedeutung statt. Unmittelbar gegenüber liegt der Zentralparkplatz mit seiner reizvollen Randbebauung aus alten und neuen Elementen – als „EKU"-Parkplatz einst Standort der alten Brau- und Industriekultur Kulmbachs.

Kulmbach today is a cultural centre, largely thanks to Dr Stammberger Hall at the heart of the town opened in 1989, which is used to host important congresses and conferences. Opposite is Central Park with its charming old and new buildings on the perimeter.

Dank: Der Verlag bedankt sich herzlich bei Frau Christine Friedlein, Inhaberin der Buchhandlung Friedrich in Kulmbach, für die freundliche Zusammenarbeit, ohne die der vorliegende Band nicht hätte entstehen können. Ferner danken Verlag und Herausgeber dem „Literaturverein Kulmbach" für die zur Verfügung gestellten Texte.

Titel: Blick über die nächtliche Altstadt zur Plassenburg.

Rücktitel: Der Marktplatz aus der Vogelperspektive.

Bildnachweis: Die Abbildungen auf den Seiten 10, 11 (links unten) und 43 wurden uns freundlicherweise von der Stadtverwaltung Kulmbach, die Gemäldevorlage für die Seite 1 von Frau Monika Andraschko zur Verfügung gestellt.

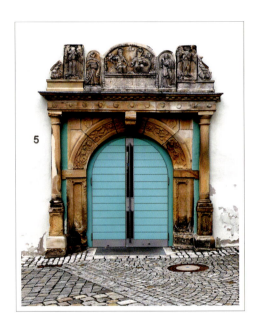

© by STADT-BILD-VERLAG LEIPZIG 2011
Alle Rechte beim Verlag.
Satz, Lithographie, Druck und Binden:
Leipziger Medienservice
Gerichtsweg 28 (Haus des Buches) · 04103 Leipzig
Ruf: 0049-341-2210229 · Fax: 0049-341-2210226
E-Mail: info@stadt-bild.de
www.stadt-bild.de
ISBN 978-3-942146-21-0

Die „Weiße Frau"

Die Sage von der
Weißen Frau – Was ist Sage?
Was ist die Wahrheit?

Vor Liebe entbrannt
zu Albrecht dem Schönen –
als Witwe sehr einsam.

Kunigunde von
Orlamünde und Albrecht
der Schöne – ein Paar?

Gefangen im Netz
der Versuchung – befangen
von Liebe – ach ja!

Zwei Augenpaare
waren gegen die Liebe
der beiden – Welche?

Die Eltern waren
gegen die Verbindung und
nicht ihre Kinder.

Was für ein Irrtum!
Er kostete das Leben
der armen Kinder.

Ein Knäblein und ein
Mägdelein – verurteilt zum
Sterben. – Wie tragisch!

Haarnadeln aus Gold
stach Kunigunde ihnen
ins Hirn – wie grausam!

Albrecht wandte sich
von Kunigunde schaudernd
ab – vor Entsetzen!

Auf den Knien bis
kurz vor Himmelskron Buße
tun – aus Verzweifelung.